Arthur joue au foot

115, rue Saint Dominique – 75007 Paris
Tél. : +33 (0)1 47 05 58 92 / Fax : (0)1 44 18 06 41
oslo.editions@gmail.com

Traduction : Anna Marek
Mise en page : Caroline Rimbault

Édition originale : Ludde blir en lirare

Première publication en 2005
par Raben & Sjogren, Stockholm

ISBN : 978-2-35754-002-6
Dépôt légal : juin 2008
Imprimé à Taiwan

VIVECA LÄRN

Arthur joue au foot

Illustrations de Jens Ahlbom

Traduit du suédois
par Anna Marek

oslo
jeunesse

Arthur habite dans un immeuble jaune à Fotstad, une petite ville de Suéde. Dans l'appartement, les murs de la plus petite chambre sont recouverts d'un papier peint à rayures bleues et blanches. C'est la chambre d'Arthur. Mais on ne voit presque pas le papier peint. Arthur a collé dessus un tas d'affiches. La plupart représentent de grands gaillards qui jouent au football. Certains sont tout transpirants car ils viennent juste de marquer un but. D'autres sont couverts de boue. Ce sont les gardiens de but. Les joueurs ont des maillots à rayures bleues et blanches, donc ils se fondent presque dans le papier peint. Mais leurs shorts sont tout bleus et leurs chaussettes toutes blanches.

Arthur a aussi accroché sur le mur un grand diplôme qu'il a obtenu à la maternelle.

« Arthur Andersson, premier prix à la course à l'œuf ».

IFK GÖTEBORG
DIPLOME
ARTHUR
ANDERSSON
FOOTBALL

Cette course avait eu lieu une fois, au printemps, quand toute sa classe avait fait une sortie sur une petite île avec les mamans et les papas. Ramona, la maman d'Arthur, avait quitté plus tôt son travail à la bibliothèque afin de pouvoir être là. Mais elle n'avait pas eu le temps de se changer. Les autres parents, eux, portaient des jeans, des sweat-shirts et des chaussures de sport. Sauf un papa, qui avait un costume-cravate. Mais cela ne l'empêcha pas de participer aux entraînements, contrairement à Ramona. En effet, sauter dans un sac de pommes de terre avec une jupe droite serrée jusqu'aux chevilles, ce n'était pas très pratique !

– Ça ne fait rien, avait dit Ramona avant de s'asseoir sur un rocher. Je ne suis pas un as du ballon de toute façon. Et si ça dure trop longtemps, je peux attendre en lisant un peu. J'ai toujours un livre de poche avec moi.

Le père d'Arthur, Roger, n'avait pas pu participer à la sortie. Il est professeur dans un collège et il habite à Hudiksvall, dans le Nord, à environ six cents kilomètres de chez Arthur. Il vit là-bas avec Tora, sa nouvelle femme qui a toujours une queue de cheval, et leurs jumelles, Tina et Marina, qui sont nées en Inde et qu'ils ont adoptées. Arthur rend visite à son père un week-end par mois. Il va alors tout seul jusqu'à Stockholm où Roger l'attend. Son père lui fait chaque fois de grands signes de la main lorsque le train entre en gare. Il porte presque toujours une casquette. De Stockholm, ils prennent le train jusqu'à Hudiksvall. Il est même arrivé qu'ils prennent l'avion jusque là-bas.

Lors de la sortie avec sa classe de maternelle, l'un des jeux avait consisté à courir d'un rocher à l'autre en tenant à la main une cuillère avec un œuf. Le but du jeu était de ne pas faire tomber l'œuf, et tout le monde avait trouvé ça très difficile. Arthur avait réussi cet exploit. C'était le seul.

– Comme il est adroit, ce petit ! avait crié Hélène, l'une de ses maîtresses. Il ira loin.

Arthur avait rougi jusqu'aux oreilles. C'était bien dommage que son papa n'ait pas été là pour voir ça !

Arne, le papa de Stefan, celui qui portait un costume-cravate, donna même cinq couronnes à Arthur. Il lui dit qu'il n'avait jamais vu une aussi belle course à l'œuf de toute sa vie. Arthur avait alors couru vers sa maman qui lisait sur un rocher.

– Est-ce que je peux accepter les cinq couronnes qu'il m'a données ?
– Euh, bien sûr, avait répondu Ramona. Je te demande juste de ne rien acheter d'inutile avec cet argent.

Dès qu'ils étaient arrivés à la maison, Arthur avait téléphoné à son papa pour lui raconter la course à l'œuf.

– Le papa de Stefan m'a demandé si j'étais bon au football, avait inventé Arthur. Et si je comptais devenir footballeur professionnel au Milan AC ou à l'Inter de Milan. Mais il m'a dit qu'avant ça, ce serait bien que je joue au Football Club de Göteborg, avec le célèbre maillot bleu et blanc. Roger avait ri au bout du fil.

– Je suis sûr que tu es très bien parti pour devenir un grand joueur de hockey sur glace, dit-il. Ça, je le sais depuis longtemps. Je n'ai rien contre le football, mais dans la famille, les garçons doués font du hockey.

Le plus grand rêve d'Arthur, c'était de jouer au football. Mais apparemment, personne ne le comprenait. Il valait donc mieux le garder pour soi.
Parfois, il jouait dans la rue avec son ballon jaune en plastique, en rêvant que l'entraîneur du Milan AC ou de l'Inter en Italie, ou même de Göteborg en Suède, passe par là en allant au supermarché. Et en le voyant, l'entraîneur serait tellement stupéfait qu'il s'arrêterait d'un coup en criant :
– Regardez là-bas, vous avez vu ce petit, quel as du ballon ! Je me demande dans quelle équipe il joue !
Mais il ne passait jamais d'entraîneur du Milan ou de l'Inter. Ni les Bleus et Blancs de Göteborg d'ailleurs.

BAYERN MÜNCHEN
CONTRAT
BRAZIL
Inter
CONTRAT
CONTRAT
CONTRAT
FC MILAN

Seul Sylvester passait par là de temps en temps. Mais il ne s'intéressait qu'à sa voiture de sport. Sylvester était aussi surnommé M. Muscles. Il habitait dans le même immeuble qu'Arthur, juste au-dessous de chez lui. Son appartement ressemblait à une grande salle de sport. Quand on passait devant sa porte, on pouvait entendre des bruits de machines. Cela voulait dire qu'il s'entraînait. Sylvester avait aussi un travail. Il était videur dans une boîte de nuit.

Sylvester était gentil, malgré sa très grande taille et tout le gel qu'il mettait dans ses cheveux. Quand Arthur passait devant lui, Sylvester le reconnaissait presque à chaque fois et quand Arthur l'appelait, il le saluait en retour.

– Bonjour, monsieur Sylvester !

– Salut, bonhomme !

Un dimanche, au mois d'août, Ramona remplit de sacs de provisions sa petite voiture à trois roues, qu'elle appelait Escargot. Cette fois-ci, le pique-nique allait consister en une boîte de sardines fumées, vingt bonbons en forme de poissons dans un sac en plastique, deux gâteaux à la crème surgelés, une grande bouteille de jus de pomme, quatre kiwis, deux poivrons et quelques autres bricoles.

– On fait avec ce qu'on a ! cria Ramona enthousiaste. Lorsqu'ils démarrèrent, Arthur remarqua que Sylvester était là, en train de lustrer sa belle voiture.

Arthur baissa la vitre.

– Bonjour, monsieur Sylvester ! Le soleil brille sur ta belle voiture aujourd'hui !

Sylvester lui fit un signe avec son chiffon, ce qui mit encore plus ses biceps en valeur.

– Salut, bonhomme ! cria-t-il.
– C'est bien lui qu'on appelle M. Muscles ? demanda Ramona. Tu le connais ?
Arthur acquiesça fièrement.
– Eh oui, j'ai quelques relations dans le quartier.

Une demi-heure après, ils arrivèrent à Göteborg et roulèrent un peu dans la ville. Puis Ramona se gara et ouvrit le toit d'Escargot, leur vieille voiture verte qui ne ressemblait à aucune autre. À côté du musée de la Marine s'élevait la grande tour du Marin. Ramona acheta deux billets à un vieux monsieur qui portait un chapeau blanc. Ensuite ils montèrent tout en haut de la tour. C'était vraiment très haut et tout en haut, il y avait une grande statue qui représentait une femme de marin en train de guetter son mari parti en mer.

– Elle ne reste quand même pas là tous les jours ? demanda Arthur. Passer tout son temps à attendre comme ça, ça doit être drôlement ennuyeux ! Pourquoi elle ne prend pas un bateau pour le rejoindre ? Pourquoi elle ne va pas voir un bon match de foot à la place, ou quelque chose comme ça ?

Lorsqu'ils étaient à Göteborg, Ramona voulait toujours monter tout en haut de la tour du Marin. Ce qui lui plaisait par-dessus tout, c'était de voir le plus de clochers possible. Ramona collectionnait les églises. C'était son plus grand hobby.

– Regarde, Arthur : là-bas, tu peux voir la nouvelle église d'Orgryte et là-bas, c'est la chapelle Sainte-Brigitte.

– C'est là que se trouve Ullevi, le grand stade, dit Arthur. C'est là que les Bleus et Blancs jouent.

– Là-bas, tu peux voir l'église de Masthugget. N'est-ce pas qu'elle est splendide, comme une véritable balise, là-haut sur la montagne !

– Les Bleus et Blancs, c'est la même chose que le club de Göteborg, au cas où tu ne le savais pas, répondit Arthur. Les camarades ! Les anges !

– Les anges ! Bravo, Arthur, c'est exactement ça. Viens, allons voir l'église de Masthugget. Allons la visiter aussi ! Tu verras qu'il y a de très jolis anges sur les murs. C'est passionnant, et comme ça, tu pourras raconter tout ça quand tu commenceras l'école à l'automne.

Et peut-être qu'on peut aussi passer voir l'église de Vasa. Arthur soupira profondément mais Ramona ne le remarqua pas.

Quand ils sortirent de l'église de Vasa, ils s'assirent sur un banc. Ramona prit les sacs de provisions.
– Je suis tellement contente que toi aussi tu t'intéresses aux églises, dit Ramona à son fils.
– Mais ça ne m'intéresse pas du tout, dit Arthur.
– Ah bon ? Comme c'est curieux. Alors qu'est-ce que tu veux faire à la place ? demanda Ramona. Je veux dire à la place de regarder les églises.
– Je veux jouer au football, dit Arthur. Dans une équipe. Une véritable équipe de foot. Une équipe de garçons.

Sur le chemin du retour, Ramona et Arthur restèrent tous les deux silencieux. Chacun était plongé dans ses pensées. Lorsqu'ils approchèrent de Fotstad, ils passèrent d'abord devant la zone industrielle. Toutes les usines avaient l'air tristes hormis une qui fabriquait des grains de popcorns. Dans l'usine qui était vraiment la plus triste, comme avait dit Arthur, on fabriquait des casques de hockey sur glace. Sur le toit de l'usine, il y avait une immense publicité en forme de casque de hockey.

Ensuite, ils passèrent devant une très grande vente en plein air où étaient exposés des meubles de jardin. Juste après, ils passèrent par le terrain de sport de Fotstad, où un groupe de garçons était en train de s'entraîner. Chaque joueur avait son propre ballon avec lequel il jonglait.

Le cœur d'Arthur cogna fort, mais il ne dit rien.
– Arthur, tu m'as bien dit que tu t'intéressais au football, n'est-ce pas ? cria Ramona en freinant brusquement au milieu de la route.
Arthur était terrifié. Non pas tant à cause du coup de freins de sa mère, mais parce qu'il ne savait pas ce qu'elle allait encore bien pouvoir inventer.
Ramona souleva le toit d'Escargot et courut vers le terrain de foot en remuant les bras.
– Bonjour ! cria-t-elle. Hé, vous, là-bas, sur l'herbe ! Bonjour !

On entendit un coup de sifflet et le jeu s'arrêta. Tous les garçons étaient en tenue de football. Ils regardèrent fixement Ramona, puis Arthur qui était resté près d'Escargot. Un grand monsieur avec une moustache traversa le terrain à grands pas. Quand il lâcha le sifflet, on vit qu'il avait une assez jolie moustache.
– Que se passe t-il ? cria-t-il d'une voix forte.
Ramona ne parut pas le moins du monde effrayée. C'est vrai qu'elle travaillait à la bibliothèque de Fotstad, et là-bas, il peut arriver que des gens crient contre elle, par exemple quand ils doivent payer une amende s'ils ont emprunté des livres trop longtemps.

FOTSTAD

Alors, Ramona s'enhardit.
– Eh bien, je vais vous le dire, répondit Ramona. Mon fils Arthur, que vous voyez là, il veut commencer à jouer au football, et le plus vite possible !

L'entraîneur lorgna vers la voiture où se trouvait Arthur.
– Comment s'appelle-t-il ?
– Arthur.
– Il va à l'école ?
– Il commence l'école cet automne.
– Moi aussi je commence l'école cet automne, répondit le gardien de but qui s'appelait Henry.
– Et moi, je rentre en classe cet automne à l'école de Fotstad, cria un très grand garçon avec les cheveux noirs. Je vais avoir Bretzel comme maîtresse. Ma sœur l'a eue. Elle est pas mal.

Entre-temps, Ramona avait compris que l'homme à la moustache était l'entraîneur de l'équipe parce qu'il était écrit « entraîneur » sur son pull.

– Comment vous appelez-vous ? demanda Ramona en le regardant fixement. Vous m'entendez, entraîneur ? Comment vous appelez-vous ?
Mais l'entraîneur ne répondit pas. Il ne fit pas du tout attention à Ramona et passa devant elle pour rejoindre Arthur qui était toujours près de la voiture.
– Bonjour, Arthur. Je m'appelle Hugo. Tu veux jouer au foot ?

Arthur hocha la tête, mais faiblement.
– Ou est-ce que c'est ta maman qui veut que tu joues au foot ?
Arthur se mit à rire.
– Non, maman n'y connaît rien au foot.
– C'est bien dommage, dit Hugo en secouant la tête.
Ramona haussa un peu les épaules, comme pour s'excuser.
– Au printemps, tous les garçons du club des Renards ont l'habitude de rencontrer les mamans et les papas à l'occasion, d'un match pour rire, dit Hugo. Et ce jour-là, vous pourrez être avant-centre, dit-il à Ramona.
– Hein ? dit Ramona.
– Je ne crois pas que ce soit une très bonne idée, dit Arthur.
Il se sentait un peu mal à l'aise. Mais Hugo lui tapa gentiment sur l'épaule.
– À chaque jour suffit sa peine, dit-il. La question importante c'est : veux-tu jouer au football avec nous au club des Renards ?

À ce moment-là, le garçon qui était très grand s'avança vers Arthur et Hugo.

– Aujourd'hui, on jongle avec le ballon, cria-t-il. C'est super.
– Mais on ne fait pas que jongler avec le ballon, dit Hugo. On s'entraîne à faire des passes aussi. Allez, qu'est-ce qu'on attend ?

Arthur se sentait très intimidé. L'entraîneur se tourna alors vers Ramona.
– Rentrez chez vous et allez chercher des vêtements un peu plus adaptés.
Ramona regarda sa jupe anxieusement.

– Mais non, pas pour vous ! Pour Arthur ! Un tee-shirt, un short, et une paire de baskets iront pour cette fois. Et comme je disais tout à l'heure, je m'appelle Hugo. Et vous ?
– Ramona Andersson, dit la maman d'Arthur. Et malheureusement, je ne suis pas un as du ballon.
Ramona courut jusqu'à la voiture et démarra.
– Ferme le toit avant de partir ! cria Arthur à sa maman.
Parfois, Arthur avait l'impression qu'il devait penser à tout.
Pendant ce temps, le grand garçon avait attendu Arthur. Ils coururent ensemble jusqu'au terrain. Hugo avait déjà recommencé l'entraînement.
– On m'appelle Tom Pouce, dit le grand garçon. C'est parce que je suis très grand et que Tom Pouce, le fameux héros des contes de Grimm, est tout petit.

L'herbe sentait très bon mais ce n'était rien à côté des ballons. Ils sentaient le cuir. En plus, ils étaient beaucoup moins lourds que ce qu'Arthur avait imaginé. Il put faire exactement la même chose que les autres garçons, comme par exemple courir en zigzag avec le ballon.

Arthur courut assez longtemps avant de se rendre compte qu'il avait perdu le ballon.
Hugo rigola gentiment.
– C'est toujours comme ça au début, dit-il. Pour tous les enfants. Mais le plus important, c'est de s'amuser.
C'était plus facile de bouger avec les vêtements plus légers que Ramona lui rapporta. Avant de voir ce qu'elle avait mis dans le sac, Arthur eut une légère inquiétude. Il avait peur qu'elle ait glissé un pyjama ou un maillot de bain ou une autre bêtise de ce genre. Sa maman n'y connaissait vraiment rien en sport.
Dès qu'il eut enfilé les vêtements, il demanda à sa mère de partir. Elle fut un peu déçue.
– Je ne peux pas rester pour regarder ? demanda-t-elle.
– Non, pas aujourd'hui, répondit Hugo à la place d'Arthur.

– Je vous dirai quand vous pourrez venir. Cette fois-là, vous pourrez apporter du café avec vous.

Après l'entraînement, tous les garçons étaient tout transpirants et ils s'effondrèrent sur l'herbe les uns après les autres.
– Bon, maintenant, vous allez tous prendre une douche, dit Hugo. Moi, j'ai autre chose à faire. Vous imaginez bien que j'ai d'autres centres d'intérêt, non ?
– Non ! crièrent tous les garçons en même temps.
– Ah bon ? dit Hugo en sautant sur sa bicyclette. Il portait les ballons dans un filet, sur son dos. Moi, j'ai plein d'autres choses à penser. Par exemple à la Coupe d'Europe de football !

Certains garçons habitaient tout près et ils pouvaient rentrer directement chez eux en courant ; les autres, c'étaient leurs parents qui venaient les chercher. Arthur habitait à côté et il pouvait rentrer tout seul. Tom Pouce habitait dans la même direction, mais de l'autre côté du parc.
– On n'a qu'à te surnommer Géant, dit Tom Pouce à Arthur avant qu'ils ne se séparent à la hauteur du terrain de jeux. Oui, on n'a qu'à faire ça. Car tu es le plus petit d'entre nous. Moi, on m'appelle Tom

Pouce parce que je suis le plus grand. C'est rigolo, non ?
Arthur rougit. Il trouvait que Géant sonnait bien.
– Au revoir, Géant, cria Tom Pouce.
– Au revoir, Tom Pouce, cria Géant.
Arthur regarda vers le haut, en direction du balcon de Sylvester.

Il espérait qu'il était là et qu'il écoutait. Mais le balcon était complètement vide. Peut-être qu'il y avait trop de vent.

– Oh oh, tu es rentré ? cria Ramona, comme si Arthur était parti aux États-Unis. Quand elle l'embrassa, elle lâcha le livre qu'elle était en train de lire.
– Alors, comment c'était ? Tu as marqué des buts ? Ouh la la ! Mais tu es plein de boue ! C'est bien, c'est tellement sportif ! Maintenant, il faut que tu appelles Papa pour lui raconter.

C'est ce que fit Arthur, mais avant ça, il prit une douche et étala sur ses cheveux un demi-kilo de gel. Maintenant, il se trouvait assez grand pour ça.
– Ça y est, je joue au foot ! dit Arthur à son papa.
– C'est super ! dit Roger. De toute manière, il n'y a plus de glace sur les lacs, n'est-ce pas ? Est-ce que vous avez une bonne patinoire à Fotstad ?
– Non, je ne crois pas, répondit Arthur.
– Il faut que tu portes des protège-tibias, dit Roger.
– Bien sûr, dit Arthur. On a toujours des protège-tibias au club des Renards. Et des chaussures à crampons.

Chaque dimanche, c'était l'entraînement. Ramona et Arthur étaient allés acheter des protège-tibias et des chaussures de foot chez Jonas. C'était cher, mais Arthur put avoir un petit rabais en tant que membre du club des Renards. Il montra sa carte de membre du club. Elle était toute verte. Arthur avait le numéro 183.

– Qu'est-ce que c'est cher, dit Ramona.

– Oui, mais à partir de maintenant, on dépensera moins d'essence parce qu'on n'aura plus besoin de prendre la voiture tous les dimanches pour visiter des églises.

La tenue d'entraînement rouge et blanche était belle. Mais celle qui servait pour les matchs, rouge et blanche elle aussi, était encore plus belle. Tout comme les chaussettes, c'était le club qui les prêtait.

SHARKS

Dans la buanderie, il y avait un étendoir à linge et un sèche-linge mais chaque lundi, Ramona suspendait malgré tout les beaux vêtements de football d'Arthur sur le balcon. Comme ça, tout le monde pouvait les voir, et Sylvester aussi.

Le troisième lundi d'août, ce fut la rentrée à l'école. Arthur et Tom Pouce étaient camarades de classe.
– Est-ce qu'on peut s'asseoir l'un à côté de l'autre ? demanda Tom Pouce. En plus, on est dans la même équipe de foot.
La maîtresse, qu'on surnommait Bretzel, hésita.
– Je ne sais pas trop, dit-elle. J'ai peur que pendant la classe, vous ne puissiez pas vous empêcher de parler de football.
– C'est bien ce qu'on pensait, dit Tom Pouce.
Ils n'eurent donc pas le droit de s'asseoir côte à côte. Mais heureusement, il restait les récréations. Quand la cloche sonnait, Arthur et Tom Pouce étaient toujours les premiers à se précipiter dehors.
Dès qu'ils avaient une seconde de libre, ils shootaient dans une balle. Mais ils ne pouvaient utiliser qu'une petite balle de tennis jaune. C'est ce qu'avait dit le directeur de l'école.

– Pourquoi le directeur a décidé ça ? demandèrent-ils à la maîtresse.
– Parce que l'année dernière, quelqu'un a cassé une grande fenêtre très chère avec un ballon de football en cuir, répondit-elle.
(La maîtresse savait deux ou trois choses sur le football parce que sa petite sœur Ellen, qui était institutrice à la maternelle, jouait dans l'équipe nationale de football féminin).
– Non, dit Tom Pouce. Je sais pourquoi on n'a le droit de jouer au foot qu'avec une balle de tennis. C'est parce que le directeur est un fan de tennis, il y joue tous les samedis. Je l'ai vu !
La maîtresse ne pouvait pas s'empêcher de sourire car Tom Pouce était souvent très drôle. Mais elle était quand même fatiguée d'entendre Arthur et Tom Pouce parler tout le temps de football.
– La vie, ce n'est pas que le football, disait-elle.
– Ah bon ? dit Tom Pouce en se penchant vers elle, l'air intéressé. Et vous pensez qu'il y a quoi d'autre ?
– Par exemple, dit la maîtresse, c'est important de pouvoir écrire son nom correctement pour que d'autres puissent le lire.
– Oui, c'est important, reconnut Tom Pouce.

CIRCUS
Aa a
Bb b
Cc c

Il faudra bien que je puisse signer le contrat quand les entraîneurs de Milan viendront m'acheter.
– Oui, dit Arthur, et moi aussi, il faudra que je signe le contrat avec l'Inter quand je serai un pro.
– Eh oui, et vous ne pourrez pas juste mettre votre empreinte digitale ! Car il y aura beaucoup d'argent en jeu.
– Hors-jeu ! comme on dit, nous, les joueurs de foot, répondit Arthur.
– Je me demande pourquoi j'ai tellement hâte que les vacances de Noël arrivent, soupira Mme Bretzel. (En réalité, son vrai nom c'est Mme Brézal).

Parfois, les parents assistaient à l'entraînement du club des Renards. Hugo leur disait de ne pas se mêler du jeu. Mais le papa de Stefan l'oubliait presque toujours. À la fin de l'entraînement, un petit match était organisé. La moitié de l'équipe devait enfiler un maillot jaune et faire semblant d'appartenir à une autre équipe.
Bien souvent, Arne, le papa de Stefan, lui criait des tas de choses. Un jour, il dit à son fils :
– Ne fais pas de passes, tire toi-même. C'est ton ballon.
Après l'entraînement, Hugo alla voir le papa de Stefan.

– Vous ne pourrez pas revenir ici si vous continuez comme ça.

La maman de Stefan, qui était là elle aussi ne put s'empêcher de rire.

– Arne n'a plus le droit d'aller sur un terrain de football. Il est interdit de séjour sur le terrain de Fotstad ! cria-t-elle.

Mais personne d'autre ne riait à part elle.

– D'accord, dit Arne, c'était bête. Je reconnais que je me suis un peu trop pris au jeu.

– J'ai un conseil, dit Hugo à Arne. Inscrivez-vous au club des Vieux Renards. Là-bas, il y a un tas de messieurs qui jouent tous les samedis soir et qui ont encore beaucoup d'énergie à donner sur le terrain. Moi, par exemple. Là-bas, vous pourrez vous défouler et mettre en pratique tout ce que vous savez sur le foot.

Arne en fut ravi.
– C'est une très bonne idée, dit-il. Et on jouera aussi quelques matchs ?
– Bien sûr, dit Hugo en riant, et gare à vous si vous ne me faites pas de passes et si vous jouez perso !

Hugo savait aussi être ferme avec ses joueurs. Mais après, il redevenait toujours copain avec eux.
Un jour, alors qu'ils couraient pendant un match d'entraînement, Tom Pouce et Johan se cognèrent. Tom Pouce reçut un grand coup sur le nez. Il saigna un peu et se mit à pleurer. Johan rigola en montrant Tom Pouce du doigt.
– Regardez, il pleure parce qu'il saigne un peu du nez !
Mais Hugo siffla immédiatement l'interruption du match et cria contre Johan :
– Pourquoi tu ris alors que Tom Pouce s'est fait mal ?
– Je ne ris pas parce qu'il s'est fait mal, je ris parce qu'il pleure, dit Johan.
– Et bien c'est tout aussi mal, dit Hugo fermement. Chez les Renards, on est tous bons copains. On ne se moque pas les uns des autres. Surtout pas si quelqu'un se fait mal et pleure.
Johan devint tout rouge.
– Pardon, dit-il.
– Ce n'est pas à moi qu'il faut dire pardon mais à Tom Pouce.
C'est ce que fit Johan. Et tout fut oublié. Hugo relança le jeu.

– Retourne sur le terrain et travaille maintenant, dit-il à Johan. Pense à l'aile droite.

Un dimanche, à la fin du mois d'octobre, à huit heures du matin, les Renards allaient jouer le premier match de leur vie. Comme c'était excitant ! C'était un match amical, qui ne comptait pas.
– On ne gagne même pas une petite coupe ? demanda Arthur.
Hugo rit et fit non de la tête.
– Si on avait une coupe, je l'embrasserais et tout le monde pourrait me voir à la télévision, sur la chaîne sportive, dit Tom Pouce en embrassant un ballon pour que tout le monde comprenne.
Hugo secoua la tête. Les Renards allaient rencontrer une autre équipe qui venait d'Andersberg, une ville qui se trouvait à environ cinq kilomètres de Fotstad.

Deux jours avant, le vendredi soir, Ramona entra dans la chambre d'Arthur pour éteindre la lumière. Elle entra sur la pointe des pieds car elle pensait qu'Arthur dormait déjà. Mais il était couché sur le dos et regardait le plafond.
– À quoi penses-tu ? demanda Ramona.
– Au foot, bien sûr. À quoi d'autre est-ce que je pourrais penser ?
– Tu sais quoi ? dit-elle. Si tu es d'accord, si Tom Pouce l'est aussi et que ses parents lui donnent la

permission, il peut dormir chez nous samedi, la veille de votre match.
Comme il a lieu très tôt, Tom Pouce n'aura pas une route trop longue à faire le matin.
– Youpi ! dit Arthur en jetant son oreiller en l'air, qui resta perché sur la lampe du plafond.
– Ouh là ! dit sa maman.
– Oui, tu as vu quel as du ballon je suis ?
– J'ai surtout dit « ouh là » parce que si on jette un oreiller sur une lampe, il peut prendre feu.
Ramona monta sur une chaise et prit l'oreiller. Elle sortit ensuite sur le balcon pour le secouer.
– Avoue que les mamans sont parfois un peu ennuyeuses, dit Arthur à son gentil et doux Ouistiti, qu'il avait depuis l'âge de deux ans.
Ouistiti était d'accord avec Arthur. D'ailleurs, il l'était toujours.

– Bon, mais c'est vrai qu'inviter Tom Pouce à dormir à la maison, c'est quand même une bonne idée que maman a eue. Il faut le reconnaître.
Ouistiti souriait de façon compréhensive, comme toujours.
– Tu sais quoi, dit Arthur, ne m'en veux pas, Ouistiti, mais maintenant je suis trop grand pour toi.

Car je joue au football maintenant.
Ouistiti souriait toujours de façon amicale. Ça devait vouloir dire qu'il n'était pas trop offensé.

Arthur entendit Ramona sur le balcon crier quelque chose à quelqu'un en bas, dans la rue. Quelqu'un qui n'avait pas l'air d'entendre. Arthur lâcha Ouistiti qui tomba par terre, il sauta hors du lit et courut dehors sur le balcon. Un vent froid d'automne soufflait dans les manches de son pyjama.
Ramona tenait l'oreiller sous le bras et criait :

– Je disais : vous avez vu cette belle nuit étoilée ?
L'homme sur la bicyclette à qui elle s'adressait freina brusquement et faillit tomber. À la dernière seconde, il retrouva l'équilibre et leva les yeux vers le balcon. Il fit de grands signes de la main.
– Oui, belle comme tout, cria-t-il avant de se remettre à pédaler. Mais qu'est-ce qu'il fait froid !

– Bonne nuit, Hugo ! cria Arthur.
– Bonne nuit, Arthur ! cria Hugo.

Il était déjà loin mais on voyait encore l'air qui était sorti de sa bouche juste avant, et qui faisait comme de la fumée. Pourtant il pédalait très vite. Ils le virent aller tout droit, passer devant le terrain de football et prendre la direction de la forêt sombre. Dehors, tout semblait triste et solitaire.
– Est-ce que Hugo habite dans la forêt ? demanda Ramona avec étonnement.

Arthur et Tom Pouce étaient maintenant les meilleurs copains du monde. Chaque jour, ils jouaient ensemble. À chaque fois qu'il faisait beau, ils jouaient au football.
– La balle en l'air ! se criaient-ils l'un à l'autre.
Quand il ne faisait pas beau, ils échangeaient des images de football.
Mais que Tom Pouce vienne dormir chez Arthur, c'était vraiment une grande nouveauté.
– Il faut que tu passes l'aspirateur et aussi que tu nettoies le sol, dit Arthur à sa maman. Pour que Tom Pouce puisse dormir par terre.

– Eh bien, si c'est si important, je propose que tu fasses le ménage toi-même, dit Ramona.
Arthur courut jusqu'au placard et alla chercher l'aspirateur. Puis il nettoya le sol avec une brosse et un chiffon. Pour finir, il sortit une coupe avec des fruits et deux verres de jus d'orange. Puis il s'assit près du lit et attendit. Ouistiti attendait aussi. Il se passa une éternité avant que Tom Pouce et sa maman n'arrivent enfin.

La maman de Tom Pouce avait apporté un sac de couchage et un oreiller. Le sac à dos qui contenait ses vêtements et tout le reste, c'est Tom Pouce qui le portait. Le sac était très grand.
– On dirait que Tom Pouce va rester une semaine ici ! dit Ruth, sa maman. Mais vous comprenez, c'est la première fois qu'il dort chez un camarade !

Ruth était très grande. Elle avait le visage pâle et elle souriait beaucoup. Elle avait aussi apporté des pansements, au cas où Tom Pouce tombe et se fasse mal, et des médicaments au cas où il se mette à éternuer. Et dans une pochette en plastique, il y avait un papier où elle avait noté tous les numéros de téléphone importants.
Et encore un sac, juste pour sa tenue de football.
– Et Petit Ours est dans le sac à dos, dit-elle.
Les mamans prirent un café.

Avant de repartir à l'hôpital à bicyclette, Ruth passa dans la chambre d'Arthur et embrassa trois fois Tom Pouce, puis une fois Arthur, et puis de nouveau une fois Tom Pouce.
– Petit Ours est dans le sac à dos, dit-elle.

Ruth travaillait à l'hôpital de Fotstad presque chaque nuit. C'est pour ça qu'on ne la voyait jamais aux entraînements. Ruth dormait quand les autres parents étaient réveillés. Le papa de Tom Pouce était marin. Il était souvent absent plusieurs semaines d'affilée. Alors il envoyait des e-mails à Tom Pouce et à Ruth. Quand il revenait, il pouvait rester à la maison pendant plusieurs semaines. Et il en profitait pour réparer tout ce qui s'était cassé pendant qu'il était en mer.
– Ma maman ne vit que la nuit, dit Tom Pouce. Elle n'a presque jamais été au soleil. Seulement sous les lampes fortes dans les salles d'opération, mais on ne peut pas bronzer avec ça.

Les garçons s'enfermèrent dans la chambre d'Arthur. Pendant une heure, Ramona n'entendit aucun bruit. Elle passa le temps à aller de droite à gauche et à déplacer des choses. Elle finit par frapper à leur porte pour savoir s'ils voulaient un peu de pop-corn.

– Avant un match ?
Arthur la regarda sévèrement.
– Pas de sucreries et pas de boissons sucrées la veille d'un match, c'est ce qu'a dit Hugo, dit Tom Pouce.
– Parfois, il me fatigue vraiment, Hugo, dit Ramona.
– Tu ne peux pas dire ça, dit Arthur. C'est vraiment pas sympa.
– On doit manger des sucres lents, dit Tom Pouce. Si vous avez des pâtes et des bananes, ça ira.
– Surtout des bananes, dit Arthur.

Ramona fit cuire des spaghettis. En regardant dans la chambre d'Arthur, elle vit que les garçons étaient assis par terre, en train de classer des images de football.
– Vous ne vous lassez jamais du football ?
– Est-ce qu'on peut se lasser de ce qu'il y a de plus important dans la vie ? dit Tom Pouce.
– Vous voulez regarder la télévision ? demanda Ramona. On peut la mettre dans la cuisine et la regarder en mangeant.
– Vous avez Eurosport ? demanda Tom Pouce.
Ramona ne répondit pas, et Arthur vit que sa maman commençait à compter jusqu'à dix en silence.

C'était assez clair pour qu'il comprenne ce que cela voulait dire. Alors Arthur courut vers elle et lui embrassa la main.

– On rigole, maman ! dit-il. On est juste un peu excités à cause du match de demain.

En dînant avec Ramona, ils essayèrent de parler d'autre chose pour ne pas trop la lasser.

– Comment ça se passe à la bibliothèque en ce moment ? demanda Tom Pouce. Est-ce que vous avez reçu des poésies qui font pleurer ?

Au dessert, ils mangèrent des bananes sur lesquelles Ramona avait mis des petites voiles. Elle avait versé dessus de la sauce au chocolat.

– Ce ne sont pas des sucreries, dit-elle. Ce sont les vagues de la mer Noire.

– Bien vu ! dit Tom Pouce.

– Viens, dit Arthur à Tom Pouce après avoir fini de manger. Je vais te montrer quelque chose.

Il emmena Tom Pouce sur le balcon et montra Sylvester du doigt, qui était en train de laver sa voiture. Il faisait ça tous les samedis soir, entre sept heures et huit heures. Tout ce gel dans les cheveux lui donnait beaucoup de style. Mais Tom Pouce trouvait que Sylvester était nul.

– Quel sac de muscles, dit-il seulement. Il ne doit pas être capable de faire la différence entre un ballon de basket et un ballon de football.
– Mais regarde sa voiture, quand même ! dit Arthur. C'est une voiture de sport italienne.
– L'Escargot de ta maman est beaucoup plus sympa, dit Tom Pouce.
– Moi je ne trouve pas. En plus, il n'a que trois roues.
– C'est justement ça qui est génial, dit Tom Pouce en s'asseyant sur le lit d'Arthur.
– Aïe, dit-il.
Tom Pouce s'était assis sur Ouistiti qui était allongé sous la couverture en souriant.
– Hein, tu as encore un doudou ?
Arthur haussa les épaules.
– Ce n'est pas un doudou. C'est Ouistiti.
– Mais qu'est-ce que tu fais avec alors ? Tu es sûr que tu ne lui fais pas des câlins avant de dormir ?
Arthur secoua la tête et regarda Ouistiti qui était assis sur le lit et souriait toujours.
– J'ai une très bonne idée ! cria soudainement Tom Pouce. Ton singe sera notre mascotte. Ce sera super !

On n'a qu'à l'asseoir tout au fond des buts pendant les matchs. Il y a plein d'équipes de garçons qui ont une mascotte. Ça porte chance.
– Hourra ! cria Arthur. On va demander à maman de coudre un maillot du club pour Ouistiti.
Ramona était assise sur le canapé et lisait un livre. Mais elle dut l'abandonner pour aller fouiller parmi ses coupons de tissus.
– Rouge et blanc ? dit-elle. Ça devrait aller. Rouge et blanc. C'est juste dommage de ne pas y avoir pensé plus tôt.
Elle bâilla puis sourit gentiment.
– Mais tu as toute la nuit devant toi, dit Arthur.
– Vous avez du café fort ? demanda Tom Pouce. C'est bien quand on s'endort. Ma maman boit beaucoup de café chaque nuit.

Les garçons lui laissèrent Ouistiti. Ils allèrent dans la chambre d'Arthur et éteignirent la lumière. Juste à ce moment, le téléphone sonna. C'était Ruth qui demandait si tout allait bien et si Tom Pouce avait bien trouvé Petit Ours.
– Maintenant, on n'a qu'à jouer à dormir, dit Tom Pouce, et il s'endormit aussitôt.

– Ok, dit Arthur, et il compta jusqu'à vingt-trois. Ça lui faisait un peu bizarre que Ouistiti soit dans la cuisine au moment où lui s'endormait.
– Bonne nuit, Ouistiti ! cria-t-il.
– Bonne nuit, Arthur le joueur de foot ! répondit Ouistiti de la cuisine, avec une drôle de voix. Arthur ne savait pas que Ouistiti avait l'accent de la région.

À une heure du matin, Arthur se réveilla. Il contourna silencieusement Tom Pouce qui était allongé par terre, et alla dans la cuisine pour boire un verre d'eau. Ramona était assise, en train de coudre son maillot de foot à Ouistiti. Son short était déjà prêt.
– Ouistiti sera très beau, dit Arthur. Et il sera très bien comme mascotte, maintenant que je suis trop grand pour le garder avec moi dans le lit.
– On n'est jamais trop grand pour avoir un doudou, dit Ramona qui avait toujours sur sa table de nuit son vieux petit nounours à pantalon à pois verts.
– Si, c'est ce que Tom Pouce a dit, dit Arthur.
– Ah bon, dit Ramona. Alors c'est bizarre qu'il ait emmené Petit Ours avec lui.

– Qui est Petit Ours ?
– Va voir avec qui Tom Pouce dort dans son lit.

Ramona avait raison. Tom Pouce dormait avec un petit nounours usé dans les bras.

Arthur courut vers la cuisine.

– C’est super ! dit Arthur à Ouistiti. Tu pourras continuer à habiter dans mon lit même quand il n’y aura pas de match important.

– Dors bien maintenant, dit Ramona. Moi aussi, je vais me coucher très bientôt.

– Bonne nuit, maman, dit Arthur. Tu crois que tu peux fabriquer aussi des protège-tibias pour Ouistiti ?

Le lendemain matin, les garçons firent cinq abdos un peu bancals et quatre pompes un peu bizarres, que Tom Pouce avait vus à la télé. Ensuite, ils allèrent à la cuisine pour prendre leur petit déjeuner.
– On doit avoir fini de manger au moins une heure avant le match, dit Tom Pouce. Sinon on aura des points de côté.
Arthur le regarda fixement.
– C'est vrai ça ? Et bien j'espère que ceux d'Andersberg ne le savent pas et qu'ils prendront leur petit déjeuner juste avant le match !
Tom Pouce le regarda sévèrement :
– Ce n'est pas très fair-play, ce que tu viens de dire.

Derrière son journal, Ramona ne put s'empêcher de sourire. Mais sinon, elle passait surtout son temps à bâiller. Ouistiti, lui, avait l'air très en forme, comme d'habitude. Il était très beau.

– Merci, maman, et ça ne fait rien que tu aies oublié de mettre des chaussures à Ouistiti, dit Arthur.

Les garçons avaient terminé de manger. Impossible pour eux de rester une seule minute en place. Ils couraient l'un après l'autre dans l'appartement.
– On va démolir Andersberg ! cria Arthur.
À ce moment, Ramona se mit vraiment en colère.
– Je ne veux pas entendre ce genre de bêtises ! Que la meilleure équipe gagne.
– De toute façon, tu n'y connais presque rien au foot, dit Arthur. On est les meilleurs, si tu vois ce que je veux dire.
– Courir, vous pouvez le faire dehors. Sinon, je mets vos protège-tibias dans les toilettes et je tire la chasse d'eau.
– Alors ça, c'est vraiment trop injuste, dit Arthur.

Quand les garçons d'Andersberg arrivèrent, les Renards étaient déjà en train de jogger sur le terrain. Les garçons d'Andersberg étaient venus avec leurs parents, dans cinq voitures. Ils avaient l'air très grands et pleins d'énergie.
– On les aura ! cria un garçon d'Andersberg.
– Ils ont l'air vraiment grands, dit Arthur. Beaucoup plus grands que nous.

– Laisse tomber, Géant, dit Tom Pouce en lui tapotant la tête. Nous, on est grands comme des maisons !

L'équipe d'Andersberg s'échauffait sur une moitié de terrain, et le club des Renards sur l'autre. Ils faisaient presque les mêmes exercices. Sur un côté du terrain, il y avait plein de parents qui venaient d'Andersberg. Quelques-uns avaient même apporté des petits drapeaux sur lesquels ils avaient écrit Andersberg. Les parents de Fotstad étaient de l'autre côté. Ramona avait apporté du café.

– Voilà pour vous, dit-elle en tendant une tasse à Hugo.

– Mais maman, ça va pas ou quoi ? gémit Arthur.

Hugo eut juste l'air un peu étonné, puis il se mit à sourire.

– Ça m'évitera d'aller aux Trois cochons aujourd'hui, dit-il.

Les Trois cochons, c'était le nom de la meilleure pâtisserie de Fotstad.

– Vous allez aux Trois cochons à chaque fois que vous voulez boire un café ? demanda Ramona. Vous n'avez pas de maison ?

– Mais si, dit Hugo.

Puis il alla rejoindre sa place attitrée d'entraîneur, à côté des bouteilles d'eau et du banc des remplaçants.

– Peut-être que nous aussi, on devrait récupérer des petits drapeaux, dit Ramona à une autre maman.

Hugo fit en sorte que chaque garçon participe autant que les autres au match. Les Renards auraient marqué plus de buts si on avait laissé Tom Pouce jouer tout le temps. C'était le meilleur de tous. Mais Hugo voulait que chacun se sente important.

Mais les Renards n'étaient pas aussi bons qu'Arthur l'avait cru. Andersberg prit vite le dessus. Presque tous les joueurs d'Andersberg étaient dans le camp des Renards. Le gardien de but d'Andersberg n'avait rien à faire. Il se tenait confortablement adossé au poteau droit de la cage de but et regardait les moineaux qui sautillaient sur les cailloux, là où se trouvaient les parents.

– S'il continue à rester debout comme ça et à dormir, ça ne sera pas très drôle pour lui quand mon fils marquera un but, dit le papa de Stefan à Ramona.

– Et pourquoi ? demanda-t-elle intéressée. Ils se connaissent ?

Henry était le gardien de but des Renards et il s'épuisait comme un animal.
Henry était grand et vraiment costaud, mais quand même assez rapide. Hélas, il ne pouvait pas être partout. Il réussit quand même à arrêter plusieurs tirs dangereux. Tout le public avait alors applaudi. Les parents d'Andersberg avaient applaudi aussi mais pas de façon aussi bruyante et énergique que les parents de Fotstad.

Oh là là, quel travail pour Henry ! Car il ne devait pas seulement garder le but. Il devait aussi encourager les autres joueurs, parce que de là où il était, il avait une bonne vision de tout le terrain.
– Allez les gars ! criait-t-il avec sa voix de petit garçon. Allez les gars !
Mais ça ne marchait pas vraiment. Ni pour les gars, ni pour Henry d'ailleurs. Et au bout de neuf minutes, il avait déjà laissé passer onze buts.
Quand l'arbitre Jonas siffla la mi-temps, le score était de 11 à 0.
– Ouh là là, dit le papa de Stefan après avoir pris son troisième chewing-gum depuis le début du match.

Mais les mamans et les papas d'Andersberg sautaient de joie.
– Il reste encore une mi-temps. Ne l'oubliez pas, cria Tom Pouce.
Les autres garçons de Fotstad qui se tenaient en cercle autour de Hugo, avaient tous la tête baissée. Arthur était si triste qu'il se mouchait dans ses doigts.
– Ça ne fait rien, dit Hugo. Les garçons d'Andersberg se sont beaucoup entraînés ensemble, et bien plus longtemps que nous. Et il reste encore la moitié du match. Maintenant on va faire comme ça : tout le monde ne va pas courir en même temps sur le ballon. Car c'est exactement ce qu'on est en train de faire. On n'a quand même pas oublié ce qu'est une passe, on s'est quand même beaucoup entraînés ?

Jonas courut vers sa femme pour prendre un peu de café, qu'elle gardait dans un thermos. Lorsqu'il repartit vers le terrain, il lui lança un baiser dans les airs. Puis il siffla la reprise du match. Mais à peine le jeu avait-il recommencé que tous les Renards se mirent à courir droit sur le ballon. Le grand-père d'Henry, Gurra, qui était à côté de Ramona, riait de bon cœur.
– On dirait des mouches sur un morceau de sucre.

Ramona ne comprit pas. Elle versa du café dans une tasse et la lui tendit.
– Malheureusement, je n'ai pas de sucre, dit-elle en s'excusant, mais j'ai quelques raisins secs dans la poche. C'est bien aussi pour la glycémie.

– Passe ! cria soudainement Hugo avec sa voix des mauvais jours.

Alors le jeu s'arrêta et tous les joueurs se mirent à regarder fixement Hugo. D'autres se grattèrent la tête en ayant l'air de réfléchir.

– C’est ça, oui ! cria Arthur.
Et à partir de ce moment, tous les Renards se mirent à faire des passes. Dans la seconde mi-temps, ils marquèrent même trois buts. Les parents hurlaient et sautaient de joie. Ramona était celle qui criait le plus fort : marquer un but, c’était quelque chose qu’elle comprenait. Le papa, la maman et le petit frère de Stefan firent même la ola.

Quand Jonas siffla la fin du match, le score final était de 17 à 3 pour Andersberg. Puis il mit son sifflet dans sa poche et saisit adroitement au vol la pomme que sa femme lui lança.
– Une pomme par jour éloigne le médecin ! cria-t-il.
Sa femme se mit à rire. Elle était justement médecin.
Jonas et sa femme avaient toujours l'air contents.
– Moi, je suis folle du football des p'tits bout'chous, dit la femme de Jonas. Elle alla parmi les parents de Fotstad. Et je me fiche de qui gagne !
Jonas et sa femme Lotta n'avaient pas d'enfants.
– Vous êtes fous ? C'est super sérieux de gagner, dit le papa de Stefan.
Sa femme le regarda durement.
– Je plaisante, dit le papa de Stefan. Pardon, docteur.

Les deux équipes se mirent en rang, joliment, l'une en face de l'autre. Le capitaine de l'équipe des Renards, c'était Tom Pouce, et il poussa des hourras pour Andersberg.

Ensuite, le capitaine de l'équipe d'Andersberg remercia à la fois l'arbitre et les Renards pour ce beau match. Et tous les garçons se mirent à sauter à pieds joints sur l'herbe.

Ramona n'arrivait pas à s'arrêter de pleurer. Elle essaya d'avaler sa salive à plusieurs reprises, mais ça ne marchait pas. Hugo souriait.

– N'est-ce pas que le football est un beau sport ? dit-il. Reconnaissez que le sport, c'est une forme de culture ?

Hugo savait que Ramona était bibliothécaire et qu'elle aimait la culture. Un après-midi pluvieux, il était allé à la bibliothèque et avait emprunté un livre vert épais qui parlait des blessures du sport.
– Nous avons aussi du très bon café à la bibliothèque, dit Ramona. C'est dix couronnes la tasse. Mais si je suis là, ce sera gratuit pour vous.
– J'y penserai en novembre, après les vacances de la Toussaint, quand l'entraînement en salle commencera, répondit Hugo. Le centre sportif se trouve au même endroit que la bibliothèque. Alors je pourrai prendre une petite tasse du café de la bibliothèque avant l'entraînement. L'entraînement en salle, c'est le lundi et le jeudi de 18 heures à 19 heures 30.
– Avec plaisir, dit Ramona. Qu'est-ce qu'on fait pendant un entraînement en salle ? On doit aussi porter des chaussures à crampons et tout ça ?
– Non ! dit Hugo en rigolant. Vous, vous devez venir de Göteborg, avec toutes les drôles de choses que vous dites ! Non, il faut des baskets ordinaires, et on joue avec un petit ballon mou.
– Ah bon, une balle de tennis ? dit Ramona.
Mais Hugo ne l'entendit pas.

Le terrain de football était devenu dur comme du béton et l'herbe était à présent toute grise. Tout Fotstad attendait l'hiver et la neige. Sauf Arthur et Tom Pouce, bien entendu, qui passèrent les vacances de la Toussaint à attendre le début de l'entraînement en salle. Ils allaient au centre sportif avec un grand sac de sport en prenant un air de professionnels.
– Je pars m'entraîner un peu, disait Arthur lorsqu'il passait devant Sylvester qui se tenait devant le fast-food et mangeait du poulet et de la salade de crevettes.
Alors, Sylvester hochait la tête. S'entraîner, il savait ce que cela voulait dire.

C'était bien aussi de pouvoir s'entraîner dans une salle, même si ça ne sentait pas l'herbe et le cuir. Tout allait très vite. Les ballons partaient dans tous les sens.

Et pas seulement les ballons. Un jour, le grand-père d'Henry, Gurra, reçut un ballon sur la tête qui fit tomber sa casquette de base-ball. Les joueurs riaient tellement que certains se roulaient par terre, et Gurra finit par sourire. En général, il était assez sérieux car il était directeur-adjoint de l'école de Fotstad.

C'était lui qui décidait des récréations. Pendant les vacances d'été, alors que les enfants et les autres professeurs se baignaient et prenaient le soleil, Gurra restait assis à son bureau, à l'école, et fabriquait de grands emplois du temps.
– Quelle vie ennuyeuse, dit Ramona.
– Moi, je ne trouve pas, dit Gurra.
Il avait un chien très drôle. C'est lui qui venait de Boston, aux États-Unis. Gurra était originaire de Boras et il avait été gardien de but dans sa jeunesse. L'année d'après, il allait prendre sa retraite et avoir beaucoup plus de temps libre. Henry était content, car il habitait chez son grand-père.

Ce jour-là, après l'entraînement en salle, les garçons prirent une longue douche, si chaude qu'il y eut plein de buée sur les fenêtres. Pendant ce temps, les parents étaient assis dans le vestiaire sur de petits bancs jaunes. Plusieurs mamans et papas avaient l'air pressés et regardaient sans cesse leur montre. Mais les garçons avaient tout le temps devant eux.
– Dépêche-toi, Stefan, dit son papa. Dans une minute, je pars. Sinon je n'aurais pas le temps de déposer mon loto sportif.

– Arthur, sois gentil, dépêche-toi, dit Ramona. Je dois aller à un concert d'orgue dans pas longtemps.

Mais les garçons continuaient à s'éclabousser, les savons sautaient dans les airs, ils criaient et mettaient de l'eau partout avec un long tuyau qu'Ibrahim avait trouvé.
Mais soudain, Hugo regarda en l'air et dit, sans même hausser la voix :

– Ça suffit avec ces bêtises, les garçons. Habillez-vous.
Les garçons obéirent tout de suite. Le papa de Stefan regarda Hugo fixement :
– Quel est ton secret ? demanda-t-il. Avec nous, ça ne marche pas !
Hugo haussa les épaules et sourit.
– Je suis magique, dit-il. J'ai une baguette magique secrète.
– Alors je te l'achète très cher ! dit le papa de Stefan.
Mais Hugo secoua la tête.
– Ça ne marcherait sans doute pas aussi bien si j'avais moi-même des enfants, dit-il en tapotant l'épaule d'Arne.
– Ouh là là, ajouta Hugo, comme ton épaule est raide ! Tu t'es bien fait tacler samedi dernier quand les Vieux Renards ont gagné contre les Grenouilles chauves ! J'ai vu que tu étais très bon sur l'aile gauche. Bien joué, Arne.

Un soir, après l'entraînement en salle, au début du mois de décembre, Ramona avait prévu d'aller au concert de l'Avent. Une jeune fille qui travaillait à mi-temps à la bibliothèque devait s'occuper d'Arthur pendant ce temps.

– Mais pourquoi est-ce qu'Anna n'est toujours pas arrivée ? demanda Ramona.

Juste à ce moment, Anna appela. Elle était enrhumée et il fallait qu'elle rentre se coucher et qu'elle boive du thé au miel. Ramona s'assit sur le lit.

– Et moi qui avais tellement envie d'y aller ! Tu ne veux pas venir avec moi, Arthur ? Tu pourras dormir dans la voiture sur le chemin du retour.

– Jamais de la vie, dit Arthur. Et Sylvester, il ne peut pas me garder ?

– Tu veux dire M. Muscles ?
Ramona parut hésiter.
Arthur fit un signe de tête enthousiaste et ils finirent par descendre et sonner.
Pendant que Ramona parlait avec Sylvester, Arthur essaya de regarder par-dessous le bras de ce dernier, à l'intérieur de l'appartement. Mais la seule chose qu'Arthur vit fut une canette de bière verte en plastique presque aussi grande qu'une personne.
– Désolé, dit Sylvester après les explications de Ramona, mais j'allais justement partir faire des UV.

– Ça ne fait rien, dit Arthur. Quelle grande canette vous avez là, monsieur Sylvester !
Sylvester eut un sourire un peu gêné vers Arthur.
– Je l'ai gagnée à un jeu de fléchettes, dit-il. C'est bien comme punching-ball.
– Bon, eh bien, on fait quoi maintenant ? dit Ramona lorsqu'ils furent de retour à la maison. Il n'y aura pas de concert pour moi, je crois.
– Oui, j'ai bien l'impression, dit Arthur.
Ramona soupira si fort que Ouistiti faillit tomber du meuble sur lequel il était assis en souriant tout seul.
À ce moment-là, on sonna à la porte. Ramona et Arthur se précipitèrent en même temps pour ouvrir. Hugo se trouvait là, avec les joues toutes rouges et un paquet de feuilles dans la main.
– Je fais la tournée des boîtes aux lettres, à vélo, avec différents messages, dit-il. La poste est devenue si chère, et Fotstad est un petit club qui n'a pas beaucoup d'argent !
– Comme c'est ennuyeux, dit Ramona. Voulez-vous une tasse de café ?
– Non, ce n'est pas ennuyeux, dit Hugo. C'est bon pour l'organisme de faire de la bicyclette. Et oui, volontiers, je ne dis jamais non à une tasse de café !

Le café était presque prêt. Lorsqu'ils furent assis, Arthur donna un petit coup discret à Ramona et chuchota à son oreille. Ramona regarda Hugo.

– Arthur se demande si vous voulez bien m'accompagner à Göteborg à un concert d'orgue à l'église de Haga, dit-elle. Le concert de l'Avent. Il y a une atmosphère très agréable là-bas, enfin, je trouve.

Arthur devint tout rouge.

– Ce n'est pas du tout ce que j'ai dit ! J'ai dit que tu devrais demander à Hugo s'il veut bien me garder pendant que tu vas à l'église.

À présent, c'est Ramona qui était toute rouge.

– Oups, alors j'ai mal compris.

– Oui, j'avoue que les églises ce n'est pas trop mon truc, reconnut Hugo. Et les grandes villes non plus. Sauf quand il y a un match. Surtout un derby.

– Oui, à l'église de Haga, on ne peut vraiment pas dire que c'est un derby.

– Et ça dure combien de temps ?

– Si je pars maintenant, je serai de retour dans une heure et demie.

– Bien, Arthur. Alors tu n'as qu'à venir avec moi. On fera le tour de la ville à vélo et on déposera des prospectus dans les boîtes aux lettres, dit Hugo.

Il y avait un prospectus juste pour les joueurs, qui les invitait à la fête de Noël du club. Et un autre dans chaque boîte aux lettres, disant qu'on pouvait acheter des sapins au club des Renards en face du local. Arthur était rempli de fierté.

Il courait à côté du vélo. Et à chaque fois qu'ils s'arrêtaient, Arthur et Hugo s'occupaient chacun d'une porte.

– Heureusement qu'il n'y a pas de grandes tours à Fotstad, dit Arthur. Sinon à la fin, j'aurais les jambes aussi musclées que Sylvester.

– M. Sylvester ? demanda Hugo. Dans quelle équipe joue-t-il ?

– Je ne sais pas très bien, répondit Arthur. Peut-être à Porto ou à Jonseret. Sans doute en deuxième division, maximum.

Après avoir travaillé pendant une heure et demie, ils arrivèrent à la lisière de la forêt. Derrière l'usine où on fabriquait des casques de hockey sur glace, il y avait une petite caravane jaune.

– Qu'est-ce qu'on vient faire ici ? demanda Arthur.

– Et bien, on va boire un jus d'orange et manger des gâteaux au gingembre, dit Hugo en ouvrant la porte.

Arthur ne savait pas qu'Hugo habitait dans une caravane. Peut-être même que personne ne le savait. C'était bien rangé et joli. Il y avait même sur le mur un tableau avec quatre vaches et une étable. Hugo avait aussi un petit aquarium avec des poissons.

– Si j'avais un travail ou si je rencontrais une femme, alors peut-être que j'emménagerais dans un véritable appartement. Mais pour l'instant, dit Hugo, c'est très bien comme ça. Et je peux mettre la musique aussi fort que je veux. En ce moment, j'écoute les *Cardigans*. En plus, c'est très agréable d'être assis sur le canapé de cuir et de regarder la pluie cogner sur les vitres.

– Oui, c'est bien ici, dit Arthur lorsqu'ils ressortirent. En plus, il y a une boîte aux lettres et une vraie barrière en bois !
– Oui, c'est parce que je suis menuisier, dit Hugo. Mais je suis au chômage en ce moment. Depuis le 15 avril.
Lorsque Hugo reconduisit Arthur à la maison sur son vélo, il faisait nuit noire ; il y avait plein d'étoiles. Ramona était déjà rentrée. Mais cette fois-ci, Hugo ne voulait pas de café.
– Comment vous remercier d'avoir gardé Arthur alors ? demanda-t-elle.
Elle semblait un peu mal à l'aise.
– Eh bien, vous n'avez qu'à tenir le stand de hot-dogs à la fête de Noël des Renards, dit Hugo. C'est toujours difficile de vendre des hot-dogs aux gens.
– Ça marche, dit Ramona. La seule chose que je veux, c'est porter un chapeau. De préférence un chapeau blanc de marin avec des rebords bleus.

La veille de la fête de Noël, à la place de l'entraînement habituel, les Renards jouèrent à des jeux rigolos que Hugo avait inventés. Mais bien sûr, c'était des jeux avec des ballons.

La maman de Tom Pouce, Ruth, avait pu y assister. Mais Ramona était restée chez elle. Elle avait acheté des saucisses et du pain et elle s'entraînait, dans la cuisine, à tenir un stand de hot-dogs.

– Ce n'est vraiment pas facile, dit-elle à Ouistiti. Mais il ne faut pas qu'Arthur ait honte de moi. Et que veut Ouistiti maintenant, un hot-dog avec une saucisse bouillie ou grillée ? Ah bon, sans moutarde cette fois-ci ?

– Dommage que tu ne sois pas venue, dit Arthur quand il fut de retour à la maison.
– J'ai réussi à viser pile dans un seau d'eau. Deux ballons sur cinq sont rentrés. En plein dans le mille !
– Tu aurais vu ! dit Arthur à son papa au téléphone juste avant qu'il aille se coucher. Trois sur cinq !
– Alors tu vas bientôt être le meilleur joueur de hockey de Fotstad ! répondit Roger dans son récepteur à rayures blanches et vertes.

– Mais papa, ce n’est pas du hockey sur glace ! C’est du foot en salle. Et au printemps, pendant les vacances de Pâques, on va participer à une vraie coupe.
Il y eut un silence pendant un court instant.
– Tu sais quoi ? finit par dire Roger. Pour Pâques, Tora et moi nous avons prévu de partir faire un grand tour en voiture. Ce seront nos premières vacances avec Tina et Marina. Alors peut-être qu’on pourra venir assister à l’un de tes matchs.
– Hourra ! cria Arthur. Hourra ! Hourra ! Hourra !

Pendant ce temps-là, Ramona continuait sa conversation avec Ouistiti.

– Cinq couronnes le hot-dog. Je dois donc quinze couronnes à Ouistiti.

Pendant qu'il se brossait les dents, Arthur continuait à crier hourra. Mais c'était difficile de faire les deux en même temps. Quant à Ouistiti, il était assis sur le lit et avait l'air d'avoir le ventre plein. Ramona entra dire bonne nuit à Arthur.

– Pourquoi est-ce que papa préférerait que je joue au hockey ? demanda Arthur.

Ramona réfléchit un instant.

– Il n'a sans doute pas bien écouté. Mais maintenant, il sait que tu aimes le football. Ça, il l'a compris parce qu'il m'a demandé l'autre jour si tu n'oubliais pas d'utiliser des protège-dents.

Arthur soupira.

– Quand je serai un joueur professionnel, il faudra quand même que tu fasses la différence entre le football et le hockey sur glace, maman. Sinon tu nous feras honte en Italie.

– Je te promets de faire un effort, dit Ramona. Mais je trouve que c'est quand même plus facile de faire la différence entre des églises. Tu veux que je te montre des belles images d'églises de style gothique ?

Mais Arthur s'était soudainement endormi. À moins qu'il n'ait fait semblant ?

Le soir où le club des Renards allait fêter Noël vint enfin. C'était une fête pour tous les joueurs, les parents et les frères et sœurs. Les premières neiges avaient juste commencé à tomber. Et c'était la veille de Noël. Mais la maman de Stefan n'était pas très contente.

– Tous les gens restent chez eux la veille de Noël. Ils veulent tous être dans leur maison pour s'occuper de la dinde et des cadeaux, dit-elle à Hugo.

– Ah bon ? dit Hugo, je ne savais pas.

Un monsieur dans des habits de Père Noël jouait de l'accordéon. Et même s'il avait une fausse barbe, tout le monde vit que c'était Jonas. Lotta, sa femme, animait la pêche à la ligne et tout le monde gagna un lot. Arthur pêcha un porte-clés sur lequel il était écrit : club des Renards.

MM
HOT-DOG

Il le suspendit à un fil qu'il mit autour du cou de Ouistiti, comme une médaille. Ramona avait un grand nœud rouge dans les cheveux et un chapeau de marin blanc avec des rebords bleus.
– Hot-dog, hot-dog, venez acheter un hot-dog, criait-elle. Dépêchez-vous ! Il ne reste plus que trente-trois hot-dogs. Je vous propose deux hot-dogs pour cinq couronnes.
– Alors ça, c'est vraiment culotté, dit Arne, le papa de Stefan. Je viens d'acheter deux petits hot-dogs pour dix couronnes.
– Eh bien, profitez-en pour en acheter deux de plus pour cinq couronnes alors, dit Ramona, comme ça vous ferez vraiment une bonne affaire !
– Oui, j'y compte bien, dit Arne, même si je n'ai vraiment plus faim.
Tout le monde riait et Hugo regardait Ramona.
– Les hot-dogs n'ont jamais rapporté autant d'argent au club des Renards que cette année, dit-il.
– Oui, et je ne partirai pas tant qu'il en restera, dit Ramona. Est-ce que je peux garder le chapeau ?

Plus tard, les joueurs embrassèrent Hugo l'un après l'autre et rejoignirent leurs parents. Il était l'heure de rentrer.

SPORT
NESS CENTER

Ramona et Arthur achetèrent l'un des sapins vendus juste en face du club des Renards. Hugo les aida à le transporter chez eux.
– Vous voulez venir chez nous pour nous aider à le décorer ? demanda Ramona. Le café est prêt.
– C'est gentil mais non merci, dit Hugo. Je dois retourner dans ma caravane et commencer les préparatifs de Noël. J'ai des invités demain.
Ils se souhaitèrent joyeux Noël. Il n'y aurait pas d'entraînement avant le jour de l'an.
– Au secours, on ne va pas pouvoir s'entraîner avant l'année prochaine ! cria Arthur à Tom Pouce qui juste à ce moment-là passait devant lui sur un traîneau.
Il conduisait sa maman sur le traîneau. Pour la première fois depuis neuf ans, elle allait être libre pour les fêtes de Noël. Ce n'était donc pas très important que la couche de neige dans la rue soit un peu épaisse. Et puis Tom Pouce était très fort.
– Pas d'entraînement ? C'est une catastrophe ! répondit Tom Pouce.
– Au revoir, Hugo, dit Arthur. Joyeux Noël !
– Joyeux Noël ! Une chance que les Renards aient maintenant une vraie mascotte, dit Hugo en embrassant Arthur. Tu dois faire attention à ce que Ouistiti ne mange pas trop de noix pour qu'il soit en forme après Noël.

Pendant que Ramona faisait cuire la dinde de Noël dans le four, Arthur décorait le sapin.
– Tu crois que Hugo a un sapin dans sa caravane ? demanda Ramona.
– Sûrement, dit Arthur. Mais il n'a pas de télé.

Le sapin fut enfin prêt. La plupart des décorations étaient accrochées aux branches les plus basses.
– C'est plus joli comme ça, dit Arthur.
– OK, dit Ramona.
Puis ils goûtèrent la dinde.
– C'est presque meilleur que l'année dernière, dit Ramona avec satisfaction.
– C'est vrai, dit Arthur en bâillant. Mais c'est dommage qu'on n'ait pas d'invités et qu'on ne soit pas invités quelque part non plus. Je me demande ce que fait Hugo en ce moment ?
Ouistiti avait reçu quelques paillettes du sapin sur la tête, et il s'endormit au même moment qu'Arthur.

Le lendemain matin, Arthur se réveilla en entendant Ramona sur le pas de la porte. Elle avait de la limonade, des gâteaux au gingembre et une bougie allumée sur un plateau.
Arthur s'assit et se frotta les yeux.
– Quelle heure est-il, il fait encore nuit, non ?
– Non, mais c'est Noël. Bon Noël et bon petit déjeuner, dit Ramona.
– Bon Noël et drôle de petit déjeuner, répondit Arthur.

Ramona s'assit sur le bord du lit avec sa tasse de café. Soudain, elle entendit un petit bruit dans le hall.

– Oh là là, on a du courrier même le jour de Noël, dit Ramona. C'est sûrement une facture.

Mais quand Arthur se précipita dehors pour aller chercher la lettre, il vit que ce n'était pas du tout une facture. C'était une carte rouge avec des contours blancs.

« Ramona, Arthur et Ouistiti sont les bienvenus chez Hugo, dans sa caravane, le jour de Noël, à midi pile. P.S. Aucun hot-dog ne sera servi. »

Ramona rigola.

– Il doit sûrement en avoir assez des hot-dogs, après avoir acheté et mangé les seize derniers à la fête d'hier !

– Il faut qu'on apporte un cadeau à Hugo, dit Arthur.

– Bien sûr, dit Ramona. On va faire un gâteau.

Ils préparèrent un gâteau de football, rond comme un ballon, rouge et blanc comme les couleurs du club des Renards. Ce ne fut pas simple de le rentrer dans la boîte. Puis ils sortirent. La neige craquait sous les semelles de leurs chaussures.

À midi pile, Ramona, Arthur et Ouistiti appuyèrent sur la petite sonnette de la caravane. Hugo avait mis un chapeau de Père Noël. Quand il vit le gâteau, il fut tellement content qu'il en rougit presque.

– Tu crois qu'on peut jouer un peu avec ? demanda-t-il à Arthur. Si on tire très doucement ?

Ramona soupira un peu. Elle avait apporté un autre cadeau pour Hugo. Un livre pour découvrir toutes les belles églises des environs de Göteborg.
Arthur avait aussi préparé un petit cadeau pour Hugo : une boîte de gel coiffant, qu'il posa derrière le sapin. Elle n'était presque pas entamée. Arthur trouvait que Hugo pouvait bien mettre un peu de gel dans ses cheveux. À l'intérieur de la caravane, Hugo avait dressé une jolie table. Il avait préparé un repas de Noël et à côté de la bûche, il y avait aussi un Père Noël qui pouvait cligner des yeux.
– Le vrai Père Noël viendra tout à l'heure, dit Hugo. Il viendra de la forêt, lorsqu'il fera nuit noire.
Et c'est bien ce qui se passa. À trois heures précises, le Père Noël frappa à la porte.

– Je commence par ici, pendant que les autres familles regardent un Walt Disney à la télévision, dit le Père Noël. Je n'ai pas vu d'antenne de télévision sur la caravane, donc je me suis dit que je passerais un bon moment ici. Y a-t-il de gentils enfants dans les environs ?

– Oui, oui ! dit Arthur. Il y a moi, mais il y a aussi maman et Hugo. Mais au fait, où est Hugo ?
Hugo avait disparu.
– Il est sans doute dehors en train de jouer au football, comme d'habitude, dit le Père Noël. Il doit jongler avec le chiffon, comme on disait dans le temps, il y a cinq cent sept ans.
Le Père Noël s'assit sur un tabouret et mit ses lunettes.
– Voyons voir, y a-t-il ici un garçon qui s'appelle Arthur ?
– Oui ! Oui !
Arthur courut vers le Père Noël qui lui donna un paquet tout rond. Il l'avait bien sûr enveloppé de papier cadeau, mais Arthur n'était pas bête. Impossible de se tromper sur l'odeur d'un véritable ballon de cuir !
– Merci gentil Père Noël ! cria Arthur en embrassant le paquet. Mon plus beau cadeau !
Le Père Noël souriait derrière sa barbe. On aurait dit qu'il avait deux moustaches, une noire et une blanche par-dessus.

– Les autres paquets qui se trouvent sous le sapin, vous les partagerez entre vous, quand Hugo reviendra de l'entraînement. J'ai tellement de choses à faire. La Coupe d'Europe et tout le reste.
Le Père Noël prit son sac et se dirigea vers la porte. Au moment où il allait sortir, il se retourna et fit un signe de la main à Arthur, à Ouistiti et à Ramona, avec son gant rouge de gardien de but.
– Joyeux Noël, tous les joueurs heureux !
– Joyeux foot ! cria Arthur.

DÉC.

oslo jeunesse DANS LA MÊME COLLECTION

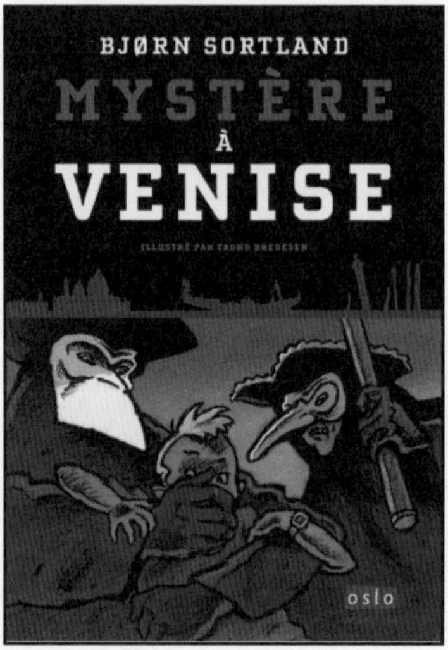

Mystère à Venise
Bjorn Sortland / Trond Bredesen
ISBN : 978-2-35754-001-9

David, jeune norvégien de 11 ans, est en vacances en Italie avec sa soeur Sissel, son petit frère Thor et leurs parents.
Dès leur arrivée à l'hôtel, en plein carnaval de Venise, David repère un couple très étrange qui semble vouloir cacher quelque chose...
Bientôt des événement incroyables se produisent, un tableau de Picasso est volé, et le petit Thor est kidnappé !
David va mener l'enquête...

Tout le monde
aime Ziggy
Lin Hallberg / Margareta Nordqvist
ISBN : 978-2-35754-000-2

Elina, une jeune écolière suédoise, rêve de faire du poney. Avec ses amies, elle s'inscrit au Poney-Club du Petit Galop, tenu par Ingela, la meilleure monitrice au monde ! Lors de son premier cours, Elina fait la connaissance de Ziggy, un magnifique petit Shetland blanc qu'elle adore et dont elle ne veut plus se séparer. Mais un jour, Ziggy se blesse à un pied et malgré tous les soins prodigués, il ne va pas mieux. Il faut le conduire dans une clinique vétérinaire pour essayer de le sauver !
Elina est désespérée…